出版を祝して

青森県板柳町
町長　舘岡一郎

わが板柳町は青森県の西部津軽地区の中央に位置し、ほとんどが平坦地という、純農村であります。

町の基幹産業はりんご作りであり、「日本一のりんごの里」づくりをめざして、全国にも例のない『りんご丸かじり条例』という条例を制定している、まさに「りんごの町」であります。

このようなりんご作りの町にとって大きな悩みの種であったのが、りんご栽培における「りんごフラン病」という難病なのです。

いったんこの病気にかかりますと、木の幹や太い枝などの患部が腐り始めます。

様々な農薬が開発され、民間療法も試みられてまいりましたが、いわゆる〝特効薬〟というものが無く、りんご農家さんを悩ませ続けてまいりました。

この病気が進みますと、せっかく何十年と育ててきた太い枝を切り落としたり、最悪の場合には樹木そのものを切り倒して焼却処分しなければならないのです。

わが町は平成二十一年度、ここ数年、有機農業の普及と環境汚染浄化を謳って特異な存在感を増してきている株式会社縄文環境開発に「環境保全型農業推進事業」を業務委託いたしました。

この施策は三年計画でしたが、この中で私は「御社の今まで培ってきた環境浄化技術で、りんごフラン病を何とかできないものか」と軽い気持ちで依頼したのでした。

それから三年後にまさか、その時の私の願いが叶えられるとは夢にも思いませんでした。

もとより、今回、株式会社縄文環境開発が世に送り出したフラン病対策の方法は、公的に認められているものではありません。

そのためには、「今後十数年間の検証歳月と数億円の資金が必要」と公的機関から指摘されたようですが、木村社長は「農家さん達のために」という事で、「植物活性対策液」という商品名で、しかも、農家さん達が求め易い価格で我々に提供してくれました。

既に、わが板柳町はもちろんのこと、隣の藤崎町や黒石市、平川市、さらには弘前市、青森市のご縁につながるリンゴ農家さん達が、この方法の恩恵にあずかっているとか。

木村社長から「この方法を、青森県だけでなく全国の、フラン病に悩んでいるりんご農家さん達に知っていただくために、オールカラーの説明写真集を出版したい」というお話を伺った時には、もろ手を挙げて賛成したのでした。

このフラン病対策の画期的な方法が、わが町板柳と株式会社縄文環境開発との共同開発によって誕生したという名誉をいただけたこと、さらには、その事実をこの本の題名にして世に知らしめてくれたことに対しまして、株式会社縄文環境開発の木村社長はじめ社員の皆様方に、板柳町民を代表して心から感謝の意を表する次第であります。

今後なお一層の研究開発に努力され、さらなる可能性に挑戦されます事をご祈念申し上げます。

舘岡一郎町長

りんごの町・板柳と、
ちっちゃな会社の大きな挑戦

―目　次―

『FT-12』希釈液によるフラン病対策の作業手順

②感染個所にナイフで大きく深くキズをつける。
樹脈を切らないように、木と平行につける。
キズとキズの間隔は7ミリから8ミリくらい。

①フラン病感染個所

③木のコブがあったら、コブの樹皮をきれいに削り取る。
コブの部分にフラン病菌がたまっているので、削りくずは焼却などをして処理する。

④全体にキズをつけた後の写真。

⑤水は、地下水か湧き水を使用する。水道水は塩素（殺菌剤）が含まれているので、もし使用する場合は一日汲み置きしてからにする。
例）ハンドスプレーの容器に水を１００ml入れる。

⑥水１００mlの入ったハンドスプレーの容器に『ＦＴ－１２』液を１００ml入れる。

⑦水と液の入ったハンドスプレーの容器に、『ＦＴ－１２』希釈液の浸透効果を上げるために、ごま油を４～５滴入れる。食用油でも可。

⑧ハンドスプレーの容器に入れ終わったら、よく振って混ぜる。

⑨キズをつけたフラン病の感染個所に、ゆっくスプレーする。

２００９年春フラン病感染箇所。
２００９年４月下旬、大人の紙オムツに『ＦＴ－１２』液を浸して巻きつけ処理。

紙オムツを巻きつけた後、木肌の出ているフラン病感染個所に、ナイフでキズをつけ、『ＦＴ－１２』液を散布。

『ＦＴ－１２液』散布して7日目　乾燥が進んでいる（２００９年6月２３日）

２週間目　乾燥が進んでいる（２００９年7月31日）

枝枯れ状態になった部分（２００９年6月２５日）

枝枯れがなくなっている（２００９年8月２７日）

枝枯れがなくなっている（２００９年9月１８日）

りんごが大きく成長（２００９年9月１８日）

枝枯れがあった個所（２００９年１０月１日）

りんごが大きく成長（２００９年１０月１日）

収穫が終わり感染個所は紙オムツを付けたままで冬を越す
（２０１０年1月２７日）

花芽が一杯ついている（２０１０年１月27日）

紙オムツを巻き付けてから１年、春に紙オムツを外す。
フラン病に感染した箇所の樹皮が自然と剥がれ落ちた。

りんご収穫後（２０１０年12月２日）

りんごの花芽がついている（２０１１年2月8日）

処理を施した感染個所（２０１１年7月7日）

果実は健康木と変わらず成長（２０１１年9月9日）

色づいたりんご（２０１１年9月２８日）

奈良喜久郎さん

処理を施した３年後のフラン病感染個所（２０１２年5月２４日）

奈良喜久郎氏（談）

この方法を知らされるまでは、患部に土を巻きつけたり、患部をそっくり削ったりし試行錯誤を繰り返してきたが、どの方法も手間暇かかるし、木も弱ってくる。この方法だとキズをつけて対策液を一回噴霧するだけで治ってしまうので、信じられなかった。患部の上に徒長枝が伸びてくるのだから、本当に画期的な方法だと思う。大変助かっている。四年目も継続して行っていく。

事例2　奈良喜久郎氏りんご園

りんご品種：むつ
赤い線がフラン病感染個所
（２０１１年5月２０日）

感染個所の拡大

ナイフで感染個所にキズ
をつける作業。
フラン病の抑制の前処理

『ＦＴ－１２』希釈液を散布。
(水１に対し『ＦＴ－１２』液１の割合で希釈)

処理後６日目で乾燥が進んでいる（２０１１年5月２５日)

処理後４８日目　乾燥が進んでかたくなっている（２０１１年7月7日）
感染個所がガチガチにかたい。

処理後　１１２日目（２０１１年9月9日）

『ＦＴ－１２』希釈液散布１年後、感染個所はこんなに変わりました。

フラン病観察
2011 年 5 月 20 日『ＦＴ－１２』希釈液散布処理後３９０日目、完全に乾燥しきっていた。
2012 年 6 月 13 日、新聞取材に対し奈良さんは「こんなにフラン病に対して効き目があるのは、私は初めてだ」と言われていました。

りんご品種：ふじ
2012年4月27日、三浦りんご園さんで『ＦＴ－１２』液使用のフラン病抑制実技講習会を開催、２６人が受講。

フラン病抑制処理（３個所の感染個所あり）
３個所のフラン病感染個所がみられた　その３個所にキズをつけ、『ＦＴ－１２』希釈液を散布し抑制処理。
赤い線で囲んだところが感染個所①

赤い線で囲んだところが感染個所②
①の感染個所より上側にある。

赤い線で囲んだところが感染個所③
③の場所は、②感染個所の裏側。
①②③の３個所には、水２５０mlと『ＦＴ－１２』液２５０mlの計５００ml
に少量のごま油を混合し散布した。

感染個所①
処理後５日目（２０１２年5月２日）
乾燥が進んでいる。

感染個所①
処理後３１日目（２０１２年5月２８日）
乾燥が進んで感染個所①の樹皮が自然と剥がれ落ちて、全体に乾燥していた。
さらに、若い徒長枝がみえる。（黄色で囲った部分）

感染個所①
黄色の丸線で囲んだところの枝葉が、若い徒長枝（２０１２年5月２８日）

感染個所①
処理後６０日目
（２０１２年6月２６日）
フラン病抑制処理後、乾燥してかたくなっていた。４月２７日の処理直後の写真と見比べてください。６０日でこんなに変化がありました。

感染個所②
『ＦＴ－１２』希釈液を感染個所に散布後５日目（２０１２年5月２日）
乾燥が進んでいる。

感染個所②
処理後３１日目（２０１２年5月２８日）
①と同じく乾燥が進んでいる。

感染個所②
処理後６０日目（２０１２年6月２６日）

処理実施直後（２０１２年4月２７日）

感染個所③
『ＦＴ－１２』希釈液散布後５日目（２０１２年5月２日）
③観察したところ乾燥が進んでいる。

感染個所③
散布処理後３１日目（２０１２年5月２８日）
③も①②と同じく乾燥が進んでいる。

感染個所③
処理後６０日目（２０１２年６月２６日）
③も①②と同じく乾燥が進んでいた。
感染した樹皮は少しだが自然と剥がれ落ちていた。

直後（２０１２年6月２６日）

三浦鉄太郎氏ご夫妻
青森県板柳町大字横沢

これほど、効くものなのか！　すごいものだなあ！　この技術は、もっともっと、津軽のリンゴ農家さんに広めねばならないぞ！　とにかく、凄いものだ！　すごいものを発明してくれたなありがたいなあ！

（津軽弁で、感嘆のことばを連発してくれましたので、〝翻訳〟しました。）

『ＦＴ－１２』希釈液を散布（２０１２年5月１０日）
左端上の方が園主の平田さん。

赤い線で囲んでいる個所がフラン病感染個所。

感染個所にキズをつける作業の説明を聞く皆さん。

処理後７日目（２０１２年5月１７日）
『ＦＴ－１２』希釈液散布後７日目、乾燥が進んでいた。
それを観察に来た方々も乾燥が進んでいたので感心されていた。

処理後７日目（２０１２年5月１７日）
『ＦＴ－１２』希釈液散布後７日目

処理後３５日目（２０１２年6月１４日）
乾燥が進んで処理跡が硬くなってきていた。

処理後３５日目（２０１２年6月１４日）
フラン病抑制処理後３５日目、乾燥が進んで処理跡が硬くなってきています。

平田博幸さん　青森県藤崎町前田

『ＦＴ－１２』を使ってみて

青森県藤崎町
町長　平田　博幸

　わたし自身、一町七反歩を栽培しているリンゴ農家です。フラン病については罹ったら仕方がないという一種の諦めもありました。ですから友人から『ＦＴ－１２』の効果を聞かされた時には信じられませんでした。

　そこで自分の畑のフラン病に罹っている木を処置してもらうことにしたわけです。その成果を確かめるため、一週間後にも友人たちと立ち合い、実際に患部が硬くなっていることを確認できました。

　フラン病は人間に例えるならガンと同じで、小さな時の早期発見早期治療が欠かせませんよね。しかし結構見逃す場合があり、進行してから見つけるということがしばしばあるのです。

　そんな時でもこの方法だと、手間暇かからず、しかも一週間という短期間で止まるので本当にありがたい。家内も実際にやってみたところ、止まったと言って喜んでいました。女性の手でも簡単に処理できるのであれば大変良いのではないかと思っています。

　今後、秋になってからどうなっているか、来年にはどうなっているかがとても楽しみです。

　リンゴ農家さんはフラン病との戦いの歴史をたどってきているのですから、この方法が確立して津軽一帯に広がれば、農家さん達は大変喜ぶと思いますよ。

　行政としましても、今すぐどうこうとは言えませんが、農家さんのためになることに対しては、当然、色々考えなければなりません。

　津軽一帯からフラン病が無くなれば、本当にありがたいね。

（談）

わい化栽培のりんご樹の上部がフラン病になり、患部が一周してしまった（写真上）ので、その部分を切り落とした（写真下）。

上下写真とも前ページ写真の下の部分に残っていた感染個所。ナイフでキズをつけた。(2012 年５月２９日)

処理後１週間（2012 年６月５日）。

上の木と同じ部分を横から見た写真。

処理後２８日目（2012年６月２６日）。

上の写真の木をアップ。

前ページの部分をさらにアップ。

福田健哉さん　青森県藤崎町高瀬

キズをつけ、散布して、一回の処理だけで出来るのが、すごい。一週間目で乾燥が進み、一カ月後にもフラン病が止まっているのが分かった。

りんご品種：ふじ
2012年4月10日　フラン病抑制処理
赤い線で囲んだ個所①と②がフラン病感染個所、『ＦＴ－１２』希釈液で処理。

感染個所①（２０１２年４月１０日）
ナイフでキズをつけフラン病抑制処理。

感染個所②（２０１２年４月１０日）
ナイフでキズをつけフラン病抑制処理。

『ＦＴ－１２』希釈液を散布。

感染個所①（2012 年 4 月 16 日）
ＦＴ－１２液処理後６日目、乾燥の進んでいる個所と、まだグチュグチュしている個所がある。

感染個所①
2012 年 5 月 22 日観察したところ、赤い線で囲んだこの２個所がグチュグチュしていたので、キズとキズの間にさらに新しいキズをつけ、『ＦＴ－１２』希釈液を散布し再処理をした。

2012 年 5 月 30 日再処理後 8 日目、観察したところ乾燥が進んでグチュグチュ個所が無くなった。また、乾燥が進んで良好。

2012 年 6 月 14 日観察、乾燥が進み処理跡が硬くなっていた。

感染個所①
４月１０日、最初の処理

５月２２日、再処理

６月１４日、観察
乾燥が進み処理個所が硬くなっている。

感染個所②
2012 年 4 月 16 日観察
『ＦＴ－１２』希釈液散布後６日目、乾燥が進んでいる。

感染個所②
2012 年 5 月 22 日、処理後４２日目、乾燥が進んで処理跡が硬くなっている。

感染個所②
フラン病抑制処理前

感染個所②
フラン病抑制処理６４日目

青森県黒石市浅瀬石　嗚海文雄さん

2012 年 6 月 14 日嗚海文雄さんに、『ＦＴ－１２』希釈液処理後感染しているものと止まっている個所があるお話したところ、ご本人から「木についたフラン病は、次から次へと進んで広まるが、完全には治らないから止まっているのであれば最高ですよ。感染が広まったら、同じ作業で『ＦＴ－１２』希釈液を散布すればいいんじゃないですか」と、激励のお言葉をいただきました。(野口)

りんご品種：ふじ　　2012 年４月 18 日フラン病抑制処理実施。
赤い線で囲んだ部分が感染個所。感染個所にキズつけ、その後に『ＦＴ－１２』希釈液を散布。感染個所の範囲が広いので、水 200ml に『ＦＴ－１２』液 200ml を入れ、そこにごま油８～９滴をたらして良く混ぜて、ハンドスプレーで患部全体に散布した。

樹皮にキズをつける作業。

2012 年 5 月 1 日観察
処理後乾燥が進んで、また若い徒長枝が出てきた。

大平喜作さん　青森県黒石市高館
　とにかく　これは　すごいものだ！　フラン病の部分に徒長枝が伸びている。
　しかも、こんなに元気な徒長枝が！　今まで見たことがない！　本当に、これは、すごいものだ！

処理後６１日目（２０１２年６月１３日）
５月１日の若い徒長枝（赤い点線個所）が大きく成長しました。

フラン病抑制処理前（2012 年４月１３日）
『ＦＴ－１２』希釈液、使用前（写真下）・使用後（写真上）の比較。

りんご品種：ふじ
2012 年４月９日、わい化りんご園フラン病抑制処理
赤い線で囲んだ個所がフラン病感染個所。

キズを付け、『ＦＴ－１２』希釈液を散布した後の写真。
(ハンドスプレー容器へ、水 100ml に『ＦＴ－１２』液 100ml とごま油４滴入れた)

キズ付けと『ＦＴ－１２』希釈液散布後の写真。

2012 年４月 16 日観察
『ＦＴ－１２』希釈液散布後７日目、外気が寒いのに乾燥が進んでいる。

７日目、同じく乾燥が進んでいた（２０１２年4月１６日)。

2012 年５月 18 日観察
『ＦＴ－１２』希釈液散布後３９日目､乾燥が進んで感染はみられませんでした。

２０１２年5月１８日観察
処理後３９日目、乾燥が進んで感染は見られない。

２０１２年6月８日観察
処理後６０日目、乾燥が進んで抑制処理跡が硬くなっている。

『ＦＴ－１２』希釈液散布後６０日目（2012年６月８日）
乾燥が進んで硬くなっている。

村元譲さん　青森県黒石市上十川

話を聞いた時は、最初は信じられなかった。しかし、やってみたら一週間目で患部が硬くなってきたし、ひと月後には効果が出てきたのがはっきりと見えてきた。今はガチガチになって、明らかに効果が表れているので、この方法で処理して本当によかったと思っている。フラン病で困っている方々に、これを使用してもらい、一日も早くフラン病を撲滅して欲しいと心から思っている。

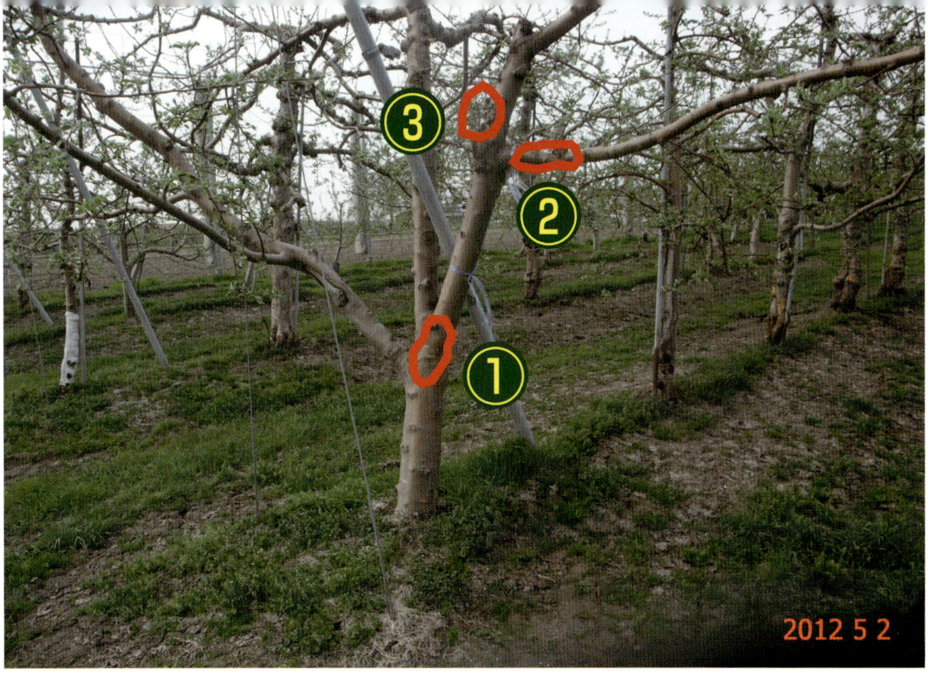

りんご品種：ふじ
２０１２年５月２日　フラン病抑制処理
赤い線で囲んだ個所がフラン病感染個所、①②③の３個所観察された。

赤い線で囲んでいる個所が①の感染個所。

赤い線で囲んでいる個所が②の感染個所。

赤い点線で囲んでいる個所が③の感染個所。
①②③の感染個所にキズをつけ後に、『ＦＴ－１２』希釈液を散布。
(2012 年５月２日)

感染個所①、処理後１２日目（２０１２年5月１４日)
感染個所①の乾燥が進んでいた。

感染個所②
処理後１２日目（２０１２年5月１４日）
②のコブにフラン病菌が集まり、見逃しやすいので、5月２日切り取って、１２日目に観察。大変良く乾燥が進んでいた。

感染個所③
処理後１２日目、乾燥が進んでいた。(2012 年５月１４日)

２０１２年５月３１日観察
①②③の感染個所の乾燥が大変良く進んでいる。
感染はみられなかった。
『ＦＴ－１２』希釈液散布でこうなりました。

『ＦＴ‐１２』希釈液１回の散布で、こうなりました。

葛西友行さん　青森県平川市新屋栄館
　泥の準備、泥まきの作業。これらがものすごい負担であった。しかし、これと出会えて、簡単に処理できる方法を知って助かっている。しかも、たったの一回で、乾燥して、治りが早い！
　なお、木のコブの部分にはフラン病菌が溜まりやすいので、この方法でも木のコブの部分には菌が残っているかもしれないと思い、私はチェンソーで切り取っている。のこぎりでもいいかもしれない。

りんご品種：ふじ
２０１２年4月１２日フラン病抑制処理
赤い線で囲んだ個所がフラン病感染個所。

感染個所の拡大写真

赤い線で囲んだ個所がフラン病感染個所。

フラン病感染個所を抑制するためのキズつけ作業後の写真。
(2012 年４月１２日)

キズをつけた個所に『ＦＴ－１２』希釈液を散布した後の写真。
(2012 年４月１２日)

２０１２年４月18日　観察
『ＦＴ－１２』希釈液散布後６日目、乾燥が進んでいた。

部分を拡大した写真。

２０１２年5月１８日　観察
『ＦＴ－１２』希釈液散布後３０日目、乾燥が進んでいる。

処理後６３日目、完全に乾いている状態になっている。(2012年６月１４日)

成田範嗣さん　青森県平川市高畑熊沢

フラン病が進んで諦めていたリンゴの木があり、その木にこの方法で試してみたところ､驚いたことに処理後一週間で硬くなってきた。二カ月たった今は、樹勢が良くなり、その箇所がガチガチに硬くなって進行が明らかに止まっているのが分かる。この液のおかげで、リンゴの木が一本助かったと思っている。

りんご品種：ふじ
２０１２年４月１２日フラン病抑制処理
赤い線で囲んだ個所がフラン病感染個所。

ナイフでキズをつける。(2012年４月１２日)

ハンドスプレーの容器に水１５０ml と『ＦＴ－１２』液１５０ml を入れ、さらに、墨汁を２０ml とごま油5~ ６滴加え良く混合してから散布してみた。

２０１２年4月１８日　観察
『ＦＴ－１２』希釈液散布後６日目、乾燥が進んできている。

２０１２年５月２日　観察
『ＦＴ－１２』希釈液散布後２０日目、乾燥は進んでいる、しかし、赤い丸の部分に少し乾燥が遅れてる個所がみられたので、キズとキズとの間に新たにキズをつけて、『ＦＴ－１２』希釈液を散布して様子を見ることにした。

２０１２年５月１８日　観察
処理後３６日目、２回目に処理した個所は乾燥が進んで、樹皮がむくれあがってきていた。
また、そのほかの個所は乾燥が進んでガチガチになっている。

２０１２年６月１４日　観察
ガチガチに乾燥している。
処理後６３日目、処理前と比較して大きく違う。

赤平源逸さん　青森県平川市高畑熊沢

今までのような泥塗りの泥の支度もいらないので大変助かる。この処理方法はフラン病箇所に大きくキズをつけ、液を散布するだけだ。それもたったの一回だけで済み、簡単に処理できることが素晴らしい。今はもう、傷もガチガチに乾燥して他への感染が見られない。これからも、どんどん普及して欲しいと思う。

モニターさんのコメント

会津孝児さん

青森県板柳町大字板柳

これまでの泥巻きに比較して簡単だ。道具の支度も簡単だ。泥巻きの時は泥を工面したり運んだりするのにすごく手間がかかったが、この方法だと、それらが無くてすごく楽で助かった。しかも、フラン病が進行していないのはすごいと思った。

石沢兼弘さん

青森県黒石市追子野木

これはいいものだ！　今までいろいろ使ってきたが、これは!!　というものは無かった。これほど効いたものは無かった。とにかくいいものだ！　泥巻きは手間暇がかかっていたのだが、これは簡単な方法なのでとても助かる。この液を使っている仲間三人で話し合っているが、これはいいものだ！　という話になる。

長内良蔵さん

青森県板柳町大字五幾形

早速試してみたところ、処理したフラン病の個所が一週間後に見に行ったら乾燥していたのにびっくりした。それもたった一回の処理でいいのだから本当に良いものが出てきてくれました。

今迄は泥巻きで四苦八苦していたが、簡単な処理で出来ることと、また、かごにこの材料（液と水少量と、ごま油にハンドスプレーの容器）を入れて持ち歩くだけだから本当に助かります。

りんご農家さんに『ＦＴ-１２』液を広めてください。

金田信一さん

青森県弘前市三和

簡単で、たった一回で手間がかからないのがいい！　泥巻きの時の後片付けも必要ないから大変助かる。とにかく、フラン病に効いているのがありがたい。

工藤忠則さん

青森県平川市猿賀明堂

以前は、削り取る方法で作業をしていたが、今は簡単にできるこの方法が、とてもよい。処理して二十四日目になるが、乾燥して、硬くなって、止まっている。すごいものだ。ここ以外にも二ヵ所でやってみたが、どちらも止まっている。本当にいいものだなあ！

斉藤慶彦さん

青森県板柳町大字常海橋

半信半疑で取りかかってみたが、やってみて、よかった！　思った以上の効果があり、本当にありがたかった。今までは泥巻き作業で手間取っていたが、泥巻きよりもはるかに軽作業で出来るのが、なおいい！

桜庭幸正さん

青森県平川市沖館高田

傷をつけ、吹きつけるという一回だけの作業で止まっているのだから、すごいものだ！　今までの、泥の準備から泥巻きまでの作業時間が必要なくなるので、とても楽になってありがたい。

佐藤武康さん

青森県黒石市赤坂

作業が簡単で、目に見えて感染箇所が乾いて行くのが分かる。早いところだと、二〜三日で変化が見られた。この『FT-12』はすごいものだな！　今までのものは、結果が見えにくく、しかも、削ったりした後に薬を塗るという作業があったり、また、泥を巻いたりして来たのだが、そんな作業はすごく大変だった。摘果作業中にフラン病を発見することがあるのだが、そんな時でも簡単に処理できるからすごくありがたい。

佐藤隆治さん

青森県黒石市花巻

農家さんを助ける目的で、よくぞフラン病対策液を開発してくれましたね。本当に、ありがたい。これからもがんばって、紋羽病にも挑戦してみて欲しい。キズをつけた後が硬くなってフラン病が止まっている。たった一回の作業で止まるのだから、すごい技術だ。

佐藤亮一さん

青森県黒石市山形町

たった一回の、簡単な処理方法で対応できるこの方法は素晴らしい！　キズをつけて散布したところ、早く乾燥してフラン病が止まっている、やっぱりこの方法が一番良い。

佐山　敏さん

青森県青森市浪岡

六十三日目になるが（フラン病が）止まって、キズが硬くなって、肉が盛り上がっている。この状態が続けば、ありがたいなあ。一人作業で出来て、しかも、たった一回の処理でこのような状態になるのが、なお良い。

須郷文清さん

青森県平川市八幡崎

フラン病とガンは早期発見に限る。処理後五日くらいで乾燥が始まり、乾きが早い。春先の葉っぱが出る前のフラン病を見つけやすい時に処理すれば、なお一層効果が上がるだろう。

高田光雄さん

青森県黒石市二双子

泥巻き作業で手間暇がかかり苦労してきたので、こんなに良いものが出来たので本当にありがたい。フラン病の処理跡を見ても、硬くなって、フラン病が進んでいない。本当に、これはいいものだ。

鶴田和雄さん

青森県黒石市二双子

最初は半信半疑でいたけれども、これほど効くとは思わなかった！　泥巻き仕事は、とにかくきついが、これは一回の処理作業で終われるので、本当に助かった！

中嶋武太郎さん

青森県平川市広船広沢

今までは泥を山の上まで運ぶのが家内の役目で、大変つらい思いをさせたが、この液と出合い、家内を楽にさせる事が出来て、本当にうれしい。今まで実を余りつけていなかった古木が、この液のせいかわからないが、木が生き生きしてきて、中心花に実をつけた。周りの木を見ると、脇果に実がついているのが目立つのに……。

フラン病に罹った部分も、たった一回の処理で乾燥してしまっている。これは、素晴らしい技術だと感動している。

中畑陽介さん

青森県板柳町

キズをつけ、液を散布するというたった一回の処理で、フラン病の箇所が乾燥して止まっているのがすごい！

簡単な作業で出来るのだから、見つけ次第処理してゆきたい。

奈良義信さん

青森県黒石市二双子

フラン病の箇所にキズをつけ、一回液を吹き付けるだけの簡単な作業で効果が出る事は、素晴らしい！　今までは泥の準備から、巻きつけるまでの処理が大変であったのに、この方法だと本当に楽で助かっている。

西塚昭光さん

青森県青森市浪岡

フラン病がたった一回の処理で止まった！　さらに、木が元気になったような気がする。すごいものだ！

今までの泥巻きに比べ、手間暇がかからず、重い土運びもいらなくなった。ありがたい！

西谷雄逸さん

青森県弘前市黒土

フラン病対策を今まで色々やってきたが、これくらい効き目があったのはこれだけだ！　手間暇かからず、本当に使ってみて良かった！　これからも購入してフラン病撲滅を果たしたい。この（FT-12）液がもっともっと広まるといいですね！

福士亮一さん

青森県黒石市上十川

フラン病対策として色々やってみたが、これというものに出合えなかった。この方法で解決出来るのであれば本当に助かる。また、その場ですぐに処理できるというのは、本当に素晴らしい。泥などの支度もいらないのだから、本当にありがたい方法だ！

水木武彦さん

青森県平川市町居

左のお二人が水木さんご夫妻

山沿いの畑なので、山の上まで泥を運ぶのが大変であった。しかし、この方法を知って、本当に楽になったし、フラン病が五日で固まってきたのが目に見えて、これは本物だと思った！　今は、ガチガチに固まった状態になっている。

百田孝男さん

青森県平川市金屋中松本

今まではフラン病の部分を削って薬を塗る作業をしていたが、木の悪い部分も良い部分も一緒に削り落としていたので、木が弱って、良いリンゴが収穫できなくなってきていた。しかし、この方法でフラン病処理をした時、たった一回きりという簡単な処理で、逆に樹勢を強めているような気がする。また、泥巻き作業もやっているが、この方法だと効くまで泥の中でフラン病が進んで患部が拡大する時もあった。泥の中は見えないけれど、この方法だと目で進行状況が確認できるから、本当に画期的な方法で、素晴らしい。

安田誠一さん

青森県板柳町大字高増

泥巻き作業から比べると、たった一回の作業で、さらには途中の経過を目で見ることができる。樹皮が残っているので、処理跡がきれいだ。今までは削って薬剤を塗るので、遠くからでもフラン病の処理跡が見えていた。しかし、この方法だと遠くからは見えないのでうれしい。それから、これは農薬ではないので、作業中にマスクも必要ないので助かっている。

対馬正人さん

青森県弘前市折笠

・完全無農薬リンゴ栽培農家　完全無農薬栽培・青森県承認第一号
・リンゴジュースを皇室へ献上
・今年の秋は、無農薬栽培リンゴの献上が決定

フラン病処理後、乾燥が進んで、止まっている。今までなら、フラン病にかかれば、その先が枝枯れになるのに、この液で処理したところは、枝枯れが治って、元気になっている。木の景観も良くなっている。作業中にフラン病を見つけた時、泥巻き方法ではすぐに処理できないので、後で処理しようと思っていても、その場所を忘れるという事がけっこうあるのだが、この方法だと、見つけたらすぐに、その都度処理できるから、今までのように見逃してしまうという事がない。本当に良い方法である。この方法をもっともっと広めて、津軽からフラン病を撲滅させてほしい。

THE MUTSU SHIMPO
陸奥新報
6月18日
月曜日
©陸奥新報社2012
弘前市下白銀町2の1　☎0172－34－3111（代表）　www.mutusinpou.co.jp　購読申し込み0120－365－062

棋連覇　2面
占める　3面
運行へ　17面

リンゴのがん 進行抑制

「ＪＯＭＯＮ菌」で腐らん病対策液

板柳町と民間企業が共同開発

活性対策液を噴霧したリンゴの幹の状態を確認する奈良さん

板柳町と縄文環境開発（平川市、木村将人代表取締役）は、〝リンゴのがん〟といわれる腐らん病の進行を止める植物活性対策液「ＦＴ－12」を共同で開発した。微生物群の一つである「ＪＯＭＯＮ菌」をベースにしたもので、モニターによる３年間の実証試験を経て同社が商品化した。腐らん病の防除は患部を削るなど手間がかかり木にも悪影響を及ぼすが、対策液は患部に傷を付けた後に水で２倍に薄めて噴霧するだけでよい。関係者は対策液の使用により農家の作業軽減が図られ、良品生産につながるものと期待を寄せている。（鎌田知子）

作業軽減 良品生産へ期待

同町は2009年度から11年度まで、環境保全型農業推進事業を同社に業務委託した。腐らん病対策も同事業の一環で、舘岡一郎町長が「これまで培ってきた環境浄化の技術を生かし、農家を助けてほしい」との依頼を受け、同社が対策液の試作を重ねた。

対策液の原材料は、微生物群の一つであるＪＯＭＯＮ菌のほか、シャクヤクや黒砂糖などが入っており人畜無害だという。

使い方は当初、対策液を紙おむつに浸して患部に巻く方法だった。同町のモニターの農家から「症状が止まった」と報告があり、患部に傷を付けた後に水で2倍に薄めて噴霧する方法で済むよう改良した。

10、11年度は各3人の農家がモニターとなり、ほぼ9割で改善が見られた。モニターの一人で同町常海橋の奈良喜久郎さん(56)は「これまでは患部に土を巻き付けたり患部を削ったりしたが、手間がかかるし木も弱くなる」と指摘。「傷を付けて対策液を1回噴霧するだけで治り、信じられなかった」と話す。

対策液の開発と商品化について舘岡町長は「画期的なこと。本県のリンゴ産業の発展や良品質のリンゴ生産につながるものと喜んでいる」と語り、木村代表取締役は「腐らん病対策に道が開けるのは名誉なこと。さらにモニターを増やしており、より完成度を高めたい」と意気込んだ。

対策液は500ミリリットル入り3300円、1000ミリリットル入り6000円（税抜き）。板柳町のふるさとセンターと青森資材うばさわで取り扱っている。問い合わせは縄文環境開発（☎0172㊼2936、ファクス0172㊼2951）へ。

あとがき

ちっちゃな会社の大きな挑戦

人間が作りだした悪環境ならば、人間によって元に戻す方法がきっとあるはずである。

この地球に人間よりも数十億年も前から住まいしている「地球の大先輩」の微生物さんたちの力をお借りすれば、縄文時代のような、きれいな大氣と水と大地を取り戻せるはずだ。

このような信念のもとに、私は平成十四年七月、四人の仲間たちと共に企業組合を立ち上げました。定年を二年残し三十三年間の公立中学校教師生活に終止符を打ってから二年後のことでした。

そして、三年前の平成二十一年八月、企業組合を円満解消し、株式会社に組織変更して代表取締役となり今日に到っております。

あっという間の十年間でしたが、この年月は、決して平坦なものではありませんでした。毎日のエサには事欠かなかった飼い猫が、いきなりジャングルの中に放り込まれたようなものでしたから。

その悪戦苦闘の一つひとつを書きしるすことは控えますが、心身ともにキズだらけになりながらもどうやらこの世界で十年間過ごしてこられたのは、実に多くの〝恩人〟たちに支えられてきたからにほかなりません。

改めて、直接間接にお世話になった多くの〝恩人〟たちのお顔を思い出しながら、感謝の言葉を唱え続けている昨今でございます。

ところで、今回の出版に至った経緯だけは少し詳しく書き残しておきたいと思います。

「長島選手は、三割打って天才打者と言われているのだぞ。勝率六割以上なら、大したもんじゃないか」

フラン病に取り組んで一年経ったある日、こんな能天気な私に対して、

「社長！　こんな程度では農家さんにとても勧められません！」

と、真っ向からハッパをかけてくれたのは、このフラン病対策の画期的な作業方法を考え出した、わが社の野口部長です。

野口部長は長年地元の農協に勤務していた事もあって、農家さん達の様々な事情に精通しているのです。

そんなわけで野口部長に尻を叩かれながら、二年目は勝率九割を超えるところまでこぎつけました。

そして三年目。正式なルートを通して、「ある大学」の「ある教授（農学博士）」に検証を依頼しました。
一年間検証して下さったその教授は、「凄い技術ですね！」と感嘆して下さいましたが、なにせ、名もないちっちゃな会社の成果には「大学当局」としては「正式に契約しているわけではないから」という理由で、今回の出版に際して、大学の名も教授のお名前も公に出すことを許されませんでした。

板柳町との業務提携が終わった今年四月、なにはともあれ商品化して販売しなければ会社は維持出来ません。
商品名やラベル、使い方説明書の文言に注意を払い、「これなら法律に違反していません」と県の商工労働部と農林部の許可を得、使っている微生物の種類は『ＪＯＭＯＮ菌』という菌体群の一部であることを、その一覧表を提示することで県の担当諸氏の高い壁をクリヤー出来たのでした。
しかしながら、宣伝するにも方法が限られますので、私たちは多くのモニターさんを募って実際に使っていただき、その成果を口コミで広げてもらおうという作戦を考えたのです。何とも気の長い話ですが、徒手空拳の身とあれば、これ以外の方法がありません。
そんな時に、長年、我が社を物心両面で支えて下さっている「東京葵ライオンズクラブ」会員の伊賀則夫氏からすごいアイデアをいただいたのです。
「フラン病を退治した実例をふんだんに載せた本を出版すればいい」と。
私は即座に、旧知の東京の高木書房の斎藤信二社長にこの話をし、見積を出してもらい、行動に移りました。
それから数週間、出版費用の工面に四苦八苦している最中に、伊賀さんからメールが届きました。
「僭越ながら、今回の出版費用は、私に出させて下さい。私は木村社長の熱心なファアンの一人です。この事で、会社の力になり、リンゴ農家さんのお役に立つのであれば、大変うれしいのです。」
地獄で仏、ということわざが目の前に現出した思いでした。
勇気百倍で、初期の計画を変更して「オールカラーで、大きな写真をふんだんに使い、農家さん達がひとめ見て、処理の仕方が分かるようにしよう」と編集方針を変えたのでした。
高木書房の斎藤信二社長は、二度も、自費で東京から青森の我が社まで駆けつけて下さいまして編集作業に力を貸して下さいました。
そんなさなかに、地元の陸奥新報から取材依頼があり、一面トップでデカデカと報じてくれたのでした。
この記事が出た日から一週間、我が社の電話は鳴りっぱなしで、担当の野口部長はうれしい悲鳴をあげることになったのです。
板柳町の幾つもの肥料販売店や資材販売店から、「うちでも売らせてほしい」という申し出があり、この動きはその後、近隣の市町村にも飛び火しています。

わが社の技術でフラン病を何とかできそうだぞと自信を得て一年余、事あるごとに「フラン病で困っていませんか」と農家さんに声をかけても、「うちは、フラン病はありません」という返答が多く、何にも知らない私はそれを真に受けていたのですが、新聞記事が出た後の動きをみて、真相がわかったのでした。
リンゴ農家さん達にとって自分の畑にフラン病があるという事は、単に不名誉なことだけでなく、他に伝染すると迷惑がかかるから切り倒さなければならないというリンゴ農家さんの間の〝おきて〟みたいなものがあり、出来れば密かに退治したいが、その時間も方法もなかったのだという現実があったのでした。
そして、もう一つ。
「あんたたち、フラン病を何とかしたのだから、モンパ病も何とかならないか」という〝注文〟が意外に多いということです。
モンパ病もフラン病とともにリンゴ農家さん達にとっては死活問題に関わるほどの難病なのだそうです。
「そうか。では、今度はそれに挑戦してみようか。」
シロートゆえの怖いもの知らずの私は、次なる目標を密かに心に決めているのです。
正社員五人というちっちゃな会社ですが、志だけは大企業のどこにも負けないぞと意気込んで、スタッフ一同張り切っております。

平成二十四年七月八日

株式会社 縄文環境開発

代表取締役　木村将人

左：野口幸秀　　右：木村将人

（著者プロフィール）

木村将人（きむら　まさと）

昭和１７（１９４２）年、青森県黒石市生まれ。東奥義塾中・高校を経て平成４２年東洋大学国文科卒業。以後、青森県各地で中学校教師を勤める。この間、へき地教育１０年、生徒指導専任教諭９年、知的障害学級担任７年を経験。平成１３年３月、定年まで２年残して退職し、「日本再生への道」をテーマに執筆と教育行脚。平成１４年企業組合縄文環境開発を設立。平成２１年株式会社に組織変更し代表取締役となり現在に至る。

著書 『信愛勇への教師像』（たいまつ社）『まごじら先生ぬくもり通信』（津軽書房）『ドラマのある学級経営』（明治図書）『一枕一沈』（津軽書房）『なぜ学校は今も荒れ続けるのか』（致知出版社）『日本再生への道』（五曜書房）『太宰治―聖書を中心として』（高木書房）等、１２冊。

野口幸秀（のぐち　ゆきひで）

昭和２２（１９４７）年、青森県弘前市生まれ。青森県立柏木農業高校農業機械科第一期卒業。昭和４１年株式会社弘南鉄道に入社。７年後株式会社平賀車両整備センターに転職。その後、平賀農協に勤め５６歳の時勧奨退職するまでの２９年間、農協職員としてあらゆる業務に従事。退職後３年間、借地で自給農業に従事していたが、平成１９年５９歳の時、旧知の株式会社縄文環境開発の木村社長に声をかけられ就職し、現在に至る。

縄文時代の「大氣」と「水」と「大地」をめざす
株式会社 **縄文環境開発**
〒036-0241　青森県平川市八幡崎宮本５
電話 0172-57-2936　FAX 0172-57-2951
E-mail:masato@jkk-kouhou.co.jp
http://jkk-kouhou.co.jp

りんごの町・板柳と、
ちっちゃな会社の大きな挑戦

平成二十四年八月二十二日　第一刷発行

著　者　木村将人
　　　　野口幸秀
発行者　斎藤　信二
発行所　株式会社　高木書房

〒一一四－〇〇一二
東京都北区田端新町一－二一－一－四〇二
電　話　〇三－五八五五－一二八〇
ＦＡＸ　〇三－五八五五－一二八一
装　丁　株式会社　インタープレイ
印刷・製本　株式会社ワコープラネット

乱丁・落丁は、送料小社負担にてお取替えいたします。
定価はカバーに表示してあります。

ISBN978-4-88471-429-1 C0061
Printed in Japan